杨伟枫 主编

漫画家书

智慧的父母
写给孩子的38封信

《智慧的父母写给孩子的38封信》编写组 编著

留给孩子一生的回忆

图书在版编目（CIP）数据

智慧的父母写给孩子的 38 封信／杨伟枫主编；《智慧的父母写给孩子的 38 封信》编写组编著. --杭州：杭州出版社，2024.3

ISBN 978-7-5565-2414-3

Ⅰ.①智… Ⅱ.①杨… ②智… Ⅲ.①中小学生-家庭教育 Ⅳ.①G782

中国国家版本馆 CIP 数据核字（2024）第 059605 号

Zhihui De Fumu Xiegei Haizi De 38 Feng Xin

智慧的父母写给孩子的 38 封信

杨伟枫　主编　《智慧的父母写给孩子的 38 封信》编写组　编著

责任编辑　李竹月
装帧设计　乐夺冠视觉设计中心
责任校对　陈铭杰
出版发行　杭州出版社（杭州市西湖文化广场 32 号 6 楼）
　　　　　　电话：0571-87997719　邮编：310014
　　　　　　网址：www.hzcbs.com
排　　版　山东乐夺冠文化传媒有限公司
印　　刷　山东润声印务有限公司
经　　销　新华书店
开　　本　710 mm ×1000 mm　1/16
印　　张　7.5
字　　数　60 千
版 印 次　2024 年 3 月第 1 版　2024 年 3 月第 1 次印刷
书　　号　ISBN 978-7-5565-2414-3
定　　价　49.90 元

目录

目 录

目录

目录

第1封信：上好人生的第一课
——今天，你6岁了

亲爱的宝贝：

　　你是一个看到彩虹会欢呼，看到美食会大笑，看到云彩会开心，看到蝴蝶会起舞，看到万事万物心中都有一束光的孩子！爸爸妈妈在这里先祝你6周岁生日快乐！

　　在之前的6年里，爸爸妈妈没有给你写过信，但此时，我们想和你做个约定，以后每年你的生日我们都会给你写一封信，希望通过这个特殊的仪式记录你成长的每一步。

　　想一想，时间过得真快呀！转眼间，你从襁褓里的小婴儿成长为一名懂事的小学生。6年间因为有你，咱们家充满了欢声笑语，充满了生机。现在你即将进入小学校园，开启一段可能不会一帆风顺的旅程，这段求学之路漫长且崎岖，但你不用担心，爸爸妈妈会一直陪伴在你身边，与你共同前行。

　　在启程之前，爸爸妈妈想对你说：

　　我们希望你永远都是一个心中有光的孩子，我们会尽自己最大的努力为你创造一个美好的环境，希望你在这个环境里健康快乐地成长。

我们不期望你能成为社会上某个重要的人物，不期望你以后能拥有许许多多的金钱，也不期望你以后能拥有很大的权力。我们希望你能以一颗善良正直的心去对待身边的每个人，因为我们觉得那才是你一生中最大的财富。

我们希望你能有自己的理想和一颗为实现理想而奋斗的心。人的一生如果失去了理想，当他回首往事的时候，会发现自己的一生毫无意义。

宝贝，你还要知道，小学和幼儿园有着不同的教育环境，咱们需要一同转换适应，未来的路才能走得更顺利。所以，爸爸妈妈希望你在小学期间，可以做到懂礼貌、守规矩，但更要勇敢；可以做到团结同学、诚实守信，但更要独立；可以做到力争上游、展翅高飞，但更要开心！

最后，祝愿你乐学、好学、求知、上进，上好人生的第一课，继续做心中有光的孩子！

爱你的爸爸妈妈

×年×月×日

欢迎新同学

第 2 封信：放慢脚步，陪伴成长

——今天，你 7 岁了

亲爱的宝贝：

今天是你 7 岁的生日，爸爸妈妈祝你生日快乐！我们陪你长大，你陪我们变老，愿时光能缓，愿你笑靥如花、茁壮成长。

去年 6 岁的你是一名刚入学的小学生，现在 7 岁的你马上就要升二年级了。还记得去年 9 月开学的第一天，你背着大大的书包，拿着水壶走进校门，妈妈看着你小小的背影，眼泪止不住地往下流……

回顾这一年，我们过得比较匆忙，爸爸妈妈都要上班，清早送你去学校，下午放学由托管班的老师接你。回到家，妈妈匆忙做饭的同时你写作业，饭后检查完你的作业，再和你读会儿书，最后洗漱睡觉，第二天又是如此。虽然生活几乎就这样枯燥地重复着，但妈妈很高兴你能这么快适应小学生活。

这一年妈妈看到你成长了许多。你总爱用手抚摸妈妈额头上的皱纹，说希望时间能停止，这样妈妈就永远不会老了。可是，我的宝贝，你不知道妈妈多么享受你成长过程中带给妈妈的欣慰和感动啊！上了小学，你更加懂事了。去超市买东西时，你会抢过妈妈手里的东西自己拿；读到抵御恶龙的故事时，你会让我躺在你的小胳膊上，很勇敢地说："妈妈，以后我保护你！"

你也常对我说："妈妈，你和爸爸为什么总是那么忙？我觉得你们陪我的时间越来越少了……"每当你这么说的时候，妈妈都觉得这一年里只顾着工作，忽略了对你的关心和陪伴，心里非常愧疚。

所以妈妈做了一个重要的选择：为了弥补过去的缺失，妈妈决定不再那么忙碌地工作，而是多花些时间陪你一起慢慢成长。因为过去的匆忙，妈妈错过了你的很多成长瞬间，让我有点不敢相信你已经长成7岁的小家伙了，所以妈妈决定放慢脚步，像园丁培育植物一样，耐心地陪你成长。

爸爸妈妈特别感谢你身边的小伙伴，妈妈也希望，你能用爱妈妈的心同样去爱所有关心、爱护你的人，多亏了他们的陪伴，你才能独立、勇敢地成长！

爱你的妈妈

×年×月×日

第 3 封信：相信自己能飞翔，才会拥有翅膀

亲爱的宝贝：

爸爸发现你最近变得很小心，学校举办了很多有趣的活动，你却不敢参加，是因为担心自己会犯错而被其他小朋友嘲笑吗？爸爸认为失败并不可怕，可怕的是失去尝试的勇气，所以有一些话要告诉你。

还记得之前妈妈常对你说的"不要怕犯错"吗？这是因为"犯错"是一种无法避免的、正常的事情。人都会犯错，爸爸妈妈从小到大，也犯过很多次错误，每个人都是在无数的错误中成长的。

就像伟大的发明家爱迪生，他在寻找理想的灯丝时，使用了大约 1 600 种灯丝材料进行试验，爱迪生正是在经过了 1 000 多次的失败后，才发明出了人类第一盏有广泛实用价值的电灯。

你看，每次失败都是一次学习的机会，而不是让人感到羞耻或挫败的事情。把失败看作一种学习经验，我们可以更加积极地面对挑战和错误，并从中得到宝贵的教训。

宝贝，你想一想，如果你试着去做一

件事，那么失败和成功的概率各占一半，但如果你连尝试都不愿意，那就只有失败一种结果。

给自己一次走向成功的机会吧！爸爸妈妈会鼓励你、帮助你、支持你，让你慢慢懂得"办法总比困难多"的道理，爸爸妈妈相信你一定会变得越来越坚强，越来越勇敢！就像某部动画片主题曲中所唱的那样，"有什么难题去牵绊我都不会去心伤，有什么危险在我面前也不会去慌乱"。

爸爸妈妈还想告诉你，每个人都有自己的想法和做法，别人说什么、做什么，我们无法控制，但是我们可以决定自己想要说什么和做什么。

你也有自己的想法，爸爸妈妈希望你能够大胆地把自己的想法说出来，把自己需要的帮助说出来，爸爸妈妈会永远支持你，帮你分析每一次失败的原因，直到登上成功的山顶！

宝贝，不要担心会犯错，我们的家永远是你的避风港。愿你平安喜乐，未来可期！

爱你的爸爸

× 年 × 月 × 日

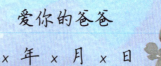

你要相信自己能飞翔，才会拥有翅膀

妈妈，我会滑了。

第 4 封信: 修剪的过程, 也是一种爱

亲爱的宝贝:

为什么这个世界上会有批评呢? 因为正确的批评是帮助我们看清自己的镜子, 是推动我们前进的风帆。真正的爱, 从来不是无条件的包容, 而是有原则的批评。今天, 妈妈忍不住狠狠地批评了你, 你知道是为什么吗?

吃晚饭的时候, 我和爸爸提醒你快到期末了, 吃完饭得赶快去复习。但你嘴上答应着, 一离开饭桌就跑去看电视了。我想着你看一会儿应该就能自觉地去学习了, 结果直到我洗完锅碗瓢盆, 你还在一边吃水果一边看电视。终于, 我憋了几天的火瞬间就爆发了。

宝贝, 无论妈妈怎么训斥和惩罚你, 我都依然爱你, 这点绝不会改变。但妈妈对你有两种爱。一种是血缘之爱: 因为你是我们的孩子, 爸爸妈妈希望你能开心快乐, 所以在物质和生活上对你毫无保留。还有一种爱, 那是成才之爱: 要知道, 我们除了是家人, 还是社会的一分子, 爸爸妈妈都希望你以后能成为一个对社会、对国家有用的人。

世界上所有的孩子就像小树一样, 要

想长得高，长得直，就得适当地修剪，否则就长歪了，成不了良材。在修剪的过程中，小树被砍掉了那些歪斜的、不健康的枝丫，肯定会感觉到"疼"，所以妈妈"修剪"你的时候，你也会感到不舒服。

在你成长的过程中，爸爸和妈妈会通过提醒、鼓励、批评等各种方式，帮助你认识到自己的不足之处。虽然妈妈每次批评你之后，都会感到难过，因为这两种爱在妈妈身上也很矛盾，但为了做得更好，妈妈也在努力学习。我是第一次做你的妈妈，如果做得不够好，请多原谅。你也是第一次做我的孩子，妈妈希望你用行动向妈妈证明，让我看到你的变化。让我们彼此关心，共同成长吧！

这次的事情，我相信你不是故意惹妈妈生气的，可能你当时也想去学习，但却被电视里的故事情节吸引住了，所以才一时没管住自己，对吗？

宝贝，如果你想跟妈妈好好地聊一聊，却不好意思说出口，你也可以用写信的方式和妈妈沟通，妈妈期待你的回信！

爱你的妈妈

×年×月×日

必须经过修剪，小树才能长得枝繁叶茂

第 5 封信：悦纳自己，才是真正爱自己

亲爱的宝贝：

当提到"缺点"这个词语时，你是不是感到有些不好意思、不舒服，甚至感到有些自卑？你不必有这样的感觉，因为不完美，也是一种美。有时候，事情并不需要完全符合我们的期望，也许有些瑕疵、错误，也是生活的美妙之处。

每个人都有自己的缺点。比如，妈妈的缺点是容易急躁，爸爸的缺点是缺少察言观色的能力。爸爸妈妈了解自己的缺点，平时也在努力改正，你是不是也应该正视自己的缺点，弥补自己的不足之处呢？

当你感到自卑的时候，面对任何事情心里可能会想："不，我不行。"但自卑最大的敌人是自信，这时你可以迅速调整状态，把眼前的事想象成自己最擅长做的事情，找找自信的感觉。自信的力量会让你在面对蓝天、面对高山、面对世间万物的时候，豪迈地说："我试试，我可以。"

如果自己的缺点实在改正不了，又该怎么办呢？那也没关系，宝贝，有

时候"自卑"也是一种美德。一个人如果只看到自己的长处和优点，而看不到自己的不足，是不能正确认识自己的。妈妈觉得，这样的"不自卑"很危险。

你和你的小伙伴在家庭中被大人们宠爱着，这样集万千宠爱在一身，让很多孩子任性地认为，对的永远是自己，错的永远是别人，因而嚣张或张扬。宝贝，但你没有，你看到了自己的不足，所以妈妈倍感欣慰。

宝贝，你要学会了解自己，改变可以改变的，接受不能改变的。把缺点变成特点，扬长避短，放大优势，把长处发挥到极致也是一种不错的选择。发现自己做得好时及时肯定自己，发现自己做不到时也要学会坦然接受。只有悦纳自己，你才会有一个幸福美好的人生。

爸爸妈妈永远不会盲目拿你跟别的同学比，因为每个人都有自己的长处和短处。同样，你也不要去跟别人攀比，要比就和昨天的自己比，那才是真正的进步！要原谅这个世界的一些不和谐之处，要知道这个世界是丰富多彩的，有晴天也有阴天，有鲜花也有毒刺。要相信自己，你值得拥有最好的一切！

爱你的爸爸妈妈

× 年 × 月 × 日

给镜子里的自己一个微笑

第 6 封信：回顾过去，做更好的自己

亲爱的宝贝：

看到你一天天地长大，爸爸妈妈感到非常欣慰。转眼一学年就过去了，你又学会了不少知识，每门功课都学得很好，这一切都跟你的努力分不开。

你可以独立阅读许多书，不认识的字能够自己查字典，爸爸妈妈感到很高兴；你的数学运算能力提高了很多，数学题的计算也越来越准确，这与你的坚持练习是分不开的；你从一开始不会跳绳，到后来可以一分钟跳100多个；你开始勇敢地与人打招呼，那天听到你主动问候邻居阿姨时，爸爸妈妈真觉得你长大了。

你在很多方面取得了进步，爸爸妈妈很难把它们一一列举出来，但你的努力我们一直看在眼里。为了鼓励你假期里也积极努力地学习，妈妈要给你讲一个故事。

山林中有两根竹子，一根被做成笛子，一根被做成晾衣竿。晾衣竿不服气地问笛子：“我们都是同一片山上的竹子，凭什么我天天日晒雨淋，一文不值，而你却价值千金呢？”笛子说：“因为你只挨了一刀，而我却经历了千刀万剐，精雕细琢。”晾衣竿听后沉默了……

宝贝，人生亦是如此，只有经得起打磨，耐得住寂寞，扛得起责任，肩负起使命，人生才会有价值。马上就要放暑假了，你打算在这个假期里列什么计划来"打磨"自己呢？如果你还没有计划，可以看看下面的建议。

　　比如，上学期的功课有哪些掌握得不牢固，需要及时复习呢？针对下学期的学习和生活，你又有哪些目标呢？假期里你都计划在哪些时间段练习钢琴呢？虽然放假了，但你对自己的要求可不能懈怠呀！你要知道，当你在想着玩什么的时候，有人却在想着学什么；当你决定休息的时候，有人却坚信前进就有希望。

　　所以，爸爸妈妈希望你在进步之路上再接再厉，做更好的自己。因为你起不来的早晨，有人能起；你吃不了的苦，有人能吃。

　　请你记住，那些走得比你远的人并不一定比你聪慧，他们只是每天多走了一点。只有持之以恒地读书、学习，你才会在未来的道路上闪闪发光。你的人生才刚刚开始，妈妈教育你的路也很长，让我们一起学习，一起成长！加油！

爱你的妈妈

x 年 x 月 x 日

17

同样是竹子，经历不同，价值就不同

第7封信：你有多努力，就有多幸运
——今天，你8岁了

亲爱的宝贝：

时光荏苒，岁月如梭，转眼你已经8岁了，妈妈还像往年那样，怀着激动的心情给你写这封信。愿你像颗种子，勇敢地冲破泥土，将嫩绿的幼芽伸出地面，指向天空；愿你所求皆如愿，所行化坦途。

时光也许能改变一些东西，但它却不能阻挡你成长的步伐。回忆这一年的时光，好像我们昨天才过完第七个生日，而今天就迎来了第八个生日。你那天真可爱的小脸好像还是那样瘦瘦的，但你的个子却在快速地长高，这个高度在有些地方都需要买门票了呢！

妈妈刚刚从照相馆拿到了你的艺术照，你那明亮的眼睛，弯弯的眉毛，还有那张似启未启的小嘴巴，再配上特意做好的发型，真是可爱至极，让妈妈对这些照片爱不释手，所以我就把其中的一张放在了钱包里，想天天带着它，看着它。

还记得你们班主任曾跟妈妈说，要无限放大孩子的优点，而不是放大缺点。妈妈有时心急，可能忘记告诉你，其实你的进步真不小。

这一年来，你的自理能力明显增强，早上有时不用叫你就能自己起床了。你能自己穿衣，自己洗澡，书包从来都是自己背着。妈妈看你假期里写的字很端正，明显进步了。

　　快开学了，上了三年级之后，你可能会感到学习不再那么简单，因为你将开始学习一门新的科目——英语。再加上从这学期开始要正式参加期中、期末考试了，学习的压力跟一、二年级时比起来可能会大得多。所以你需要更加努力地学习，这样做，不是为了要跟别人比成绩，而是因为爸爸妈妈希望你在将来的生活中能拥有更多选择的权利，而不是被迫谋生。

　　当你足够优秀之后，才会有机会不被困于方寸之地，不用过着一眼望到头，没有任何期待的日子；才会有底气和实力选择自己想要的生活。宝贝，请你记住这些话：

　　窗外有风景，笔下有前途；低头是书桌，抬头是未来。

　　你有多努力，就有多幸运；你有多自律，就有多自由；你有多坚持，就有多成功！

爱你的妈妈
×年×月×日

愿你像颗种子，勇敢地冲破泥土

第8封信：经得住折磨，你才能更强大

亲爱的宝贝：

王尔德说过："世上只有一件事比遭人折磨还要糟糕，那就是从来不曾被人折磨过。"

在我们的生命中，总有一些人或事让我们感到难以忍受。比如，那些让我们感到痛苦的人或是那些让我们感到挫败的挑战。但是，这些人和事可以使我们聚集能量，走得更高、更远。就像攀登山峰一样，我们需要攀爬陡峭的山坡才能到达山顶，而那些让我们感到难受的人或事，就像山上的石头和荆棘，虽然让我们感到痛苦，但是它们却能让我们更加坚强，更有毅力前行。

爸爸要在这里给你讲一个故事：石油大王洛克菲勒发迹之前有过一段十分穷困的岁月。当时，摄影技术被发明出来没多久，照相是一件弥足珍贵的事情，小洛克菲勒所在的学校正好赶上一位摄影师要来给同学们拍照，这让小洛克菲勒十分兴奋。但就在大家准备拍摄时，摄影师突然对老师说道："你能让那位同学离开自己的座位吗？因为他的穿着实在太寒酸了！"小洛克菲勒出身贫寒，自然无法对着装有太多追求。但在听到摄影师的话之后，他受到了很大的打击，默默地离开了自己的座位。那一刻，小洛克菲勒就立下志向，自己要成为全世界最有钱的人，再也不受这种屈辱。最终，他实现了梦想，成为世界上第一个亿万富翁。

宝贝，你看，小洛克菲勒因为贫穷受到侮辱时，他是什么反应？他并没有因此一蹶不振，而是立下自己的志向，并努力去实现梦想。没有人喜欢被侮辱，但被侮辱有时不是件坏事，因为内心真正强大的人会将之转化为赢得尊严的动力！

无论是你在学校里，还是爸爸妈妈在工作中，我们都需要不断成长和进步，而那些折磨我们的人或事，实际上都是我们成长的机会。这些挑战和困难，会一点一点让我们变得更加聪明、更加坚韧。

所以，不要害怕那些曾经折磨过你的人或事。相反，我们应该感谢它们，因为它们会激发我们的潜能，让我们在逆境中仍旧保持微笑。

爱你的爸爸

x 年 x 月 x 日

第9封信：寻找茫茫黑夜中的北斗星

亲爱的宝贝：

　　人生如同一场长途旅行，没有目标的人生就如同没有明确目的地的旅途，只能漫无目的地行走。只有给自己定下明确的目标，人生才能有清晰的方向，才能不断前进，不断超越自我。

　　纵观中国历史上叱咤风云的传奇人物，越王勾践胸怀灭吴雪耻的志向，卧薪尝胆二十余年，最终打败夫差，实现了自己的梦想；成吉思汗胸怀统一天下的志向，建立了横跨亚欧大陆的帝国，被称为"一代天骄"，永载史册；周恩来胸怀"为中华之崛起而读书"的志向，最终成为伟大的无产阶级革命家；鲁迅为了改变国人的精神，弃医从文，成为伟大的思想家、文学家、革命家……正是因为他们有着远大的梦想，并为此付出了不懈努力，最终才实现了自己的目标。

　　那么宝贝，你的目标是什么呢？

　　你可以是医生，可以是工程师，可以是演员，可以是服装设计师，但你必须是个对他人有用的人。我们讲英雄的故事给你听，并不是要你成为英雄，而是希望你拥有纯正的品格；我们会让你接触诗歌、绘画、音乐，是为了让你的心灵填满高尚的艺术情趣。这些高尚的情趣会支撑你的一生，使你在最严酷的冬天，也不会忘记玫瑰的芳香。

宝贝，有目标的人生能够让人更加自信，更有勇气面对困难。在人生的道路上，难免会遇到各种各样的困难和挑战。但是当我们拥有目标时，我们就有了一种无形的力量。正如勃朗宁所说的："雄心壮志是茫茫黑夜中的北斗星。"我们的人生之路难免会进入"黑夜"，误入迷途，而我们的奋斗目标则是耀眼的"北斗星"，指引我们走出"黑夜"，走向成功。

宝贝，人可以没有伟大理想，但不能没有目标。读书虽然辛苦，但你得明白，人生只有设定了目标，才会拥有往前走的干劲和勇气！上课、作业、考试，是每个孩子必经的历程，相信多年后，你会感激这段拼搏的岁月，而不是后悔自己没听爸爸妈妈的话。

爱你的爸爸妈妈

× 年 × 月 × 日

雄心壮志是茫茫黑夜中的北斗星

第 10 封信：多读书，让人生更精彩

亲爱的宝贝：

你问我人为什么要读书？这可真是一个好问题，书中未必有黄金屋，但一定有更好的自己。

爸爸给你举个例子：有一个空瓶子，它的价值是一角；如果用它装满水的话，那么就值一元；如果用它装满牛奶的话，它就会值十元。我们的大脑也是一样的，如果里面装满了电子游戏，你的脑子就一文不值，但如果你的脑子里面装的都是从书中获得的知识，那么它就价值连城。所以，要想成为一个有用的人，就必须多读书。

爸爸妈妈劝你多读书，是希望你将来点餐的时候可以不看价格；累的时候可以随意打车回家；在外面旅游的时候可以住自己喜欢的酒店；更是为了你能选择自己喜欢的职业，而不是被迫谋生。

你读的书越多，就越会发现身边的同学都是优秀而又不带优越感的人，他们明亮但不刺眼，自信又懂得收敛，让你向往的同时，给你源源不断的正能量。

宝贝，你要明白，读书是为你自己而读。知不是而

奋进，望远山而前行，读书能让我们与强者同行，与智者同频。所以当你还有书可以读，有试可以考，在某种意义上也是一种运气。

董宇辉说过，读书不一定能前程似锦，功成名就，但至少可以让你出言有尺，嬉闹有度，说话有德，做事有余。

读书不是为了一纸文凭，也不是为了一夜暴富，而是为了让你成为一个有温度、懂情趣、会思考的人。是为了让你在跌宕起伏的生活中，拥有处变不惊的内心，让你在未来，能独自度过那些漫长幽暗的岁月，而不怨天尤人。当你被生活重重打击，陷入泥潭时，读书能给你一种内在的力量。

人生就像是在驱车前进，上学就好比是给车子加油，你能在人生旅途中跑多远，就取决于你在学生阶段读了多少书，掌握了多少知识。所以，多读些书吧，它会让你的人生更加精彩！

爱你的爸爸

× 年 × 月 × 日

现在　未来

成功经验分享会

读书是最低门槛的高贵

第 11 封信：先努力优秀，再大方拥有

亲爱的宝贝：

你最近可能觉得学习总是不太顺利，压力比较大，这是很正常的情况。感到焦虑是因为你想做得更好，这说明你追求高、志向远。有压力和感到焦虑的人，才是真正对自己有要求的人。

那么，为什么到了三、四年级会有这样的感觉呢？

这是因为一、二年级的学习以识记为主，学习时只需要知道"是什么"，而到了三、四年级，就增加了很多需要深入思考的学习内容，需要学生了解"为什么"，甚至要知道"怎样做"。这些知识对于缺乏思维训练的学生来说，短时间内很难理解，就导致了成绩明显下滑。

如果说六年级是座大山峰，那么三、四年级就是一座小山峰，很多孩子一、二年级经常考高分，上了三、四年级成绩却一落千丈，让家长摸不着头脑，这是因为遭遇了"三、四年级现象"。处于过渡时期的孩子，因为学习态度不同，会慢慢地拉开差距。重视学习的孩子会更加努力，越学越好；不重视学习的孩子可能会屡受打击，学习退步。

那么，怎样才能预防这种现象出现在自己身上呢？妈妈有几个办法帮助你，我们可以从这个暑假开始，调整自己的学习状态，努力做到下面三点：

第一，提高自己的学习效率。学习不拖延、不磨蹭，按计划学习，要在规定时间内完成作业。

第二，保持或优化学习习惯。一、二年级养成的好习惯，要继续落实，并且一直保持下去。爸爸妈妈如果发现了你的问题，会提醒你，但你自己也要及时纠正自己的坏习惯。

第三，提高自己的专注程度。确保自己有充足的睡眠与休息，平时劳逸结合，能以最饱满的精神状态学习。

以上三点需要你在以后的学习中时常提醒自己，督促自己，世上没有不劳而获的东西，不尝试、不努力、不坚持，你永远不知道什么是你能拥有的。

一至三年级是一段不断往上攀登的征程，爸爸妈妈希望你每一步都能走踏实，愿你熬过万丈孤苦，藏下星辰大海。

爱你的妈妈

x 年 x 月 x 日

半山腰总是最拥挤的，你得去山顶看看

五、六年级

三、四年级

第 12 封信：愿你心中有阳光，眼里有彩虹

——今天，你 9 岁了

亲爱的宝贝：

　　首先祝你 9 岁生日快乐！爸爸妈妈很开心能陪你一起度过这个生日，因为妈妈发现，在不知不觉中，你已经学会了感恩。

　　昨天晚上，你用自己攒了很久的零花钱给妈妈订了一束花，今天妈妈收到的时候，你还说："孩子的生日，母亲的难日。以后我每次过生日都要让妈妈感到幸福！"妈妈听后，真的是有些热泪盈眶了。

　　因为对于一个人来说，9 岁意味着迈进了大孩子的门槛，那是一个顽童从懵然无知走向成熟懂事的转折点，因此对于你来说，今天是一个不寻常的日子。在这个重要的日子里，我们除了对你表示祝贺之外，还想对你提出如下希望：

　　第一，希望你知礼。古人说："礼人者则人礼之。"一个人要想受到别人的尊敬，要先尊敬别人。只有以礼待人，才能受到别人的礼待。在家里要礼待长辈，做主人要礼待宾客，在外面要礼待尊长。

　　第二，希望你进取。有人说"知足者常乐"，

其实知足者的乐是小乐而已，要想得大乐、得长乐，就要不断进取，不断超越自己也超越别人，不要为眼前的一点小乐而停滞不前。

纵观人类的发展，皆是由于不知足而进取。构木为巢是因为不满足于露风而居，燧人取火是因为不满足于茹毛饮血。现实中也是这样，人要不断努力创造更好的生活。别人给的、父母给的都没有自己创造得来的心安理得，只有奋斗，才有无穷的乐趣，才有苦尽甘来的结果。

第三，希望你坚强。小树不畏风雨寒暑才成长为参天大树；雄鹰不畏乌云雷电才搏击苍穹，飞越万水千山。人也要在面对坎坷曲折时更加精神抖擞，才能征服困难，才能风雨过后见彩虹，严寒之中绽春蕾。妈妈希望你能有小树不畏风雨的精神，有雄鹰战胜艰险的气魄，有彩虹敢于直面风雨的乐观，有红梅不怕严寒的品格。

妈妈不知道几年后你会长成什么样子，只愿你做个心中有阳光、眼里有彩虹的孩子，愿你的世界每天都是欢喜的天气，即使下雨，也能享受雨中漫步的快乐。

爱你的妈妈

×年×月×日

第 13 封信：要做世界上最厉害的人

亲爱的宝贝：

你知道世界上最厉害的是哪种人吗？

他们是说起床就起床，说做题就做题，说收心就收心，拿得起放得下的人。而最可怕的人，就是一天到晚什么都不做，永远把事情留给明天的人。

宝贝，你最近做什么事总是拖拖拉拉，爸爸妈妈看到了，心里很是着急。我们想跟你沟通，但你总是用各种方式躲避。不然这样吧，你不想写作业，那咱就不写；不想背书，咱就不背；你不想预习，不想复习都可以，只想玩手机也可以……但是等别人考上大学，实现自己梦想的时候，你也不要羡慕，因为别人在努力的时候，你什么也没做。

唉，你知道妈妈为什么要督促你吗？因为现在外面的竞争非常残酷，妈妈怕你现在不努力，以后在外面吃饭都要算着价格，怕你只能穿破旧的衣服，怕你晚上没有住的地方，只能睡桥洞。你觉得自己能接受这样的人生吗？试想，书再难背，几天也就背过了；跑步再累，也就五分钟；题目再难，也会有解法。如果实在累了，就去听听歌，散散步。当你遇到难点时，一定不要躲，先耐心地学，然后多做练习，熟能生巧，你自然就比别人优秀了。

宝贝，当你学习坚持不下去的时候，你还可以出去看看：凌晨一点的工地，漆黑的夜里，工人还在汗流浃背地工作；凌晨两点的菜市场，灯火通明，卖菜的商贩在要价砍价；凌晨三点的早餐店，昏黄的灯光下，为了生意好一点，厨师已经开始准备食材；凌晨四点的马路，清冷的街道上，环卫工人已经开始清扫马路。

妈妈希望你能明白，人生没有"容易"二字，刻苦读书是通往成功最好走的一条路！

圆规为什么能画圆？因为心不变，脚在走。你为什么不能圆梦？因为你心总变，脚不动。成功不是将来才有的，而是从决定去做的那一刻起，持续累积而成的。星辰和大海都要门票，诗和远方也要路费，即便妈妈现在不要求你自觉地去学习，现实早晚也会让你幡然醒悟。

孩子，加油吧！爸爸妈妈希望你也能成为世界上最厉害的人！

爱你的妈妈

× 年 × 月 × 日

能坚持的人是世界上最厉害的人

早起很苦，坚持很酷！

第 14 封信：单打独斗，不如万众一心

亲爱的宝贝：

　　一朵鲜花打扮不出美丽的春天，一个人行动总是势单力薄，众人合作才能移山填海。今天学校组织的活动结束了，我们想跟你聊一聊"合作"这个话题。

　　宝贝，爸爸想先考考你，你知道为什么每次学校组织集体活动时，我总是积极报名和你一起参与吗？不知道了吧，参与这样的活动最重要的是感受集体氛围、学会与他人合作，而不是单独行事。在合作的过程中，参与者会碰撞出智慧的火花，你会逐渐融入集体，并从中找到适合自己的位置。

　　不过，从参与活动的几次情况来看，你似乎更喜欢一个人完成所有的事情，而与同学一起完成的意识和能力有待提高。也许正是因为你喜欢"孤军奋战"，所以你会经常"碰壁"。比如，在一些集体项目中，你负责的这项任务和其他成员的任务无法很好地结合在一起，这就是单打独斗、缺乏沟通的结果。

　　与人合作确实是一项很重要的能力。毕竟人存在于社会之中，一个人的力量和

能力是有限的，团队的力量永远比一个人的力量更强大。我们人类是群居动物，每个人都不能离开他人而独自存在，因此合作也就无处不在。

一滴水只有放进大海里才不会干涸，一个人只有把自己和集体融合在一起的时候，才能更有力量。在团结合作中，你可以和其他同学共同探讨解决问题的办法，完成团队合作的目标，分享合作成功的喜悦。这个过程，会让你们之间建立起深厚的友谊。

就像一家企业生产汽车时，可能需要几十甚至几百家企业共同合作，这家企业负责生产一种零件，另一家企业负责生产一种零件，然后把所有的零件组装起来，才能组装成功一辆完整的汽车。爸爸妈妈平时在工作中也是一样的，我们也需要和同事协同合作完成一项任务。

宝贝，即使你是一朵娇艳美丽的牡丹，也应明白，一花独放不是春天，春天应是万紫千红的世界；即使你是一棵傲然挺立的青松，也应明白，一枝独秀不算英雄，万木成林才是遮风挡沙的坚固长城。所以，学会与他人合作吧！

爱你的爸爸

× 年 × 月 × 日

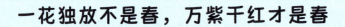

一花独放不是春，万紫千红才是春

第 15 封信：公平，是一种相对的东西

亲爱的宝贝：

今天，我们来聊一聊"公平"二字。在家里，你有时会认为爸爸妈妈偏心，只关心二宝不关心你。我要告诉你的是，你所谓的"不公平"，其实是一种主观的个人感受，也是一种普遍现象。这就好比世界上的花，为什么有的开得绚烂夺目，而有的却瘦小枯黄。原因在于它们所处的位置不一样，环境不一样。

坦白地说，只要有人的地方，相互之间就有比较，有比较就会分出高下，继而又出现了公平与否的判断。其实，这个世界没有绝对的公平，就像大与小，高与矮，贫穷与富有，美丽与丑陋一样，都是比较出来的，而"公平"也是相对于"不公平"而存在的。

有时候，你看着爸爸妈妈关注另一个孩子，会陷入"他有的东西我没有"的烦恼中，反而忘了"我有的东西他没有"的现实。妈妈想让你知道，你们是不一样的人，所处的情况不一样，需要的东西也会不一样。所以，你不能要求别人有的，你也必须拥有。

幼儿园的老师一个人照顾那么多小朋友，午餐时只

能随机拿肉包给小朋友，赶上哪个吃哪个。老师不能保证每个小朋友得到的一样多，但能保证每个孩子都能吃饱肚子，再说，难道给每个孩子一模一样的东西，将来他们就能一样幸福吗？没有人保证世上每个人都能得到一样多的资源，别人不欠你的，父母不欠你的，这世界也不欠你的。

　　宝贝，无论是在家里，还是学校，你都有可能遇到被"不公平"对待的情况。当你在学校面对不公平时，也要有一个正确的姿态。因为世界上有两种人，一种是别人瞧不起他，他就破罐子破摔，让人更瞧不起；另一种人则是，别人瞧不起他，他偏要活成与别人的误解相反的样子。你要努力做第二种人，化不公为动力，不要被不公平的遭遇打败。你越强大，世界对你越公平。当一个人变得越来越强大、拥有更多的资源和话语权的时候，他才能为自己争取更多公平的机会。

　　山有高有低，水有深有浅，人来自五湖四海，同样，命运也有高低起伏。但是，选择面前，人人平等。如何面对不公，决定权在你自己手里。

爱你的妈妈

× 年 × 月 × 日

所谓的"不公平"，其实是一种主观的个人感受

妈妈喜欢弟弟，不喜欢我了吗？

45

第 16 封信：输赢，不是最重要的

亲爱的宝贝：

四年级下学期就要结束了，你却总是闷闷不乐的。晚上你跟妈妈说，这次期末评"三好学生"的名单里，好像没有你的名字，心里非常难过，一直追问自己是哪里做得不够好。其实呀，妈妈倒觉得，输赢不是最重要的，成长比成功更重要。所以，借此机会对你进行一次"挫折教育"也挺好。

还记得从上幼儿园开始，你就是大家口中"别人家的孩子"，讲规矩、懂礼貌，在学习方面也一直顺风顺水。在此之前的每个学期里，你都被评为了"三好学生"。不可否认，我们每个人都渴望成功，但事实是，我们每个人都会遭遇挫折，这就像每个孩子都曾经摔过跤一样正常。

妈妈觉得，没有评上"三好学生"，不代表你没有好好学习，更不能代表你不优秀。我们先来看看怎样算是一名"三好学生"呢？顾名思义，"三好学生"要有"三好"，也就是"学习好、品德好、身体好"，并不仅仅指学习。你可以回忆一下，自己在体育活动方面，在做好人好事方面是否符合要求，又有哪些方面需要加强呢？

宝贝，妈妈希望你能把目光放得长远一些，不能因为一次的失败而一蹶不振，而是反思自己哪些方面存在不足，然后努力改进。如果你能让老师和同学们感受到，你在体育锻炼上更努力了一些，你与同学之间更加团结友爱、互相帮助等，让大家都看到你的进步，也许下学期你又可以获得这份荣誉了。

除了反思自己的不足之处，你还要知道，任何一个集体的评优评先，都有人数限制，而每个评选人的角度、看法也不尽相同，所以评选出来的结果，并不一定完全科学。所以爸爸妈妈希望你能看淡荣誉，别太纠结。

宝贝，学习和生活不可能总是一帆风顺，总会有让你不如意的时候。不要太在意老师是否喜欢你，只要自己变优秀了，各科老师就会主动关注你。如果你学会不去计较得失，继续专心做好自己的事，不退缩，勇往直前，爸爸妈妈相信你一定会做得越来越好！

爱你的妈妈

x 年 x 月 x 日

一个人不可能永远得意，也不可能永远失意

好像只有我没有。

第 17 封信：看似是学习的苦，
其实是成长的甜
——今天，你 10 岁了

亲爱的宝贝：

祝你生日快乐！转眼间你已经长大了，恭喜你迎来了人生的第一个十年。借着你的这次生日，爸爸妈妈用写信的方式跟你说说心里话。

宝贝，人生中的第一个十年，你已经快乐、幸福、健康地走过了，这十年里的每一天我们都在一起成长。愿往后余生，快乐是你，幸运是你；愿你一生温暖纯良，不舍爱与自由。愿你的童年时光如诗如画，愿你的成长之路畅通无阻。五年级是你小学生活中准备冲刺小升初的预热阶段，你做好充分的准备迎接挑战了吗？在开学前，爸爸妈妈还是要一如既往地叮嘱你，在新学段里你要注意以下三点：

第一，努力提高学习效率。人的时间和精力都是有限的，为了达到学好的目的，必须用提高效率的方式来实现。效率就是单位时间内接受知识的量。因此，一定不能用过多的时间来学习，时间一长，效率必然低下。而调整学习的内容，调整作息时间都可以提高学习效率。

第二，要有包容万物的境界。生活中的琐事、同学之间的摩擦等，都要像灰尘一样拂去，不让自己的心灵带上任何负担。世间万物各有姿态，人的性格千差万别，我们要把自己的心境变得再大些，不要让不重要的人和事影响到你的心情和学习计划。

第三，要对未来满怀信心。"自信人生二百年，会当水击三千里。"只有充满信心的人，才能充满激情，满怀斗志，笑对人生。一个人的信心和气质是无形的，是一种潜意识，是靠不断自我暗示和自我激励培养出来的。我们希望你面对每一次考试时，都具备这种信心和斗志。

宝贝，成长是一件令人期待而又奇妙的事情，同时也充满了挑战。如果说人生的第一个十年你是懵懂的，那下一个十年将会是你最难忘、最精彩的十年。

人生有很多不同的路要走，没有成长不带着痛苦，也没有成功不花代价，希望你用心去享受每一天，努力长成自己想要的模样！

爱你的爸爸妈妈

×年×月×日

让你难忘的是学习的苦，而让你精彩的是成长的甜

第 18 封信：别让手机"绑架"你

亲爱的宝贝：

爸爸妈妈最近发现，你玩手机的时间越来越长了。有时候你正在看书，突然就开始玩手机了，或许玩手机比看书学习更有趣，又或许是在查资料的时候，你被手机中的其他信息吸引了。我们很想送你一句话：世界不在手机屏幕里，而是在你我的身边。

首先，爸爸妈妈理解你对手机游戏的喜爱，我们知道这种娱乐方式可以使你放松。但是，我们也希望你能够理解，过度沉迷于手机游戏并不是一件好事，它会对你的学习、健康和人际关系产生负面影响。

其次，爸爸妈妈不会强制让你远离手机，我们只是想提醒你，你在玩手机的时候，你的同学在读书、学习。时间久了，你会发现那些远离手机、认真学习的同学在学业方面感到非常轻松，而经常玩手机的同学则会在学业方面感到焦头烂额。

宝贝，手机只是一个通信工具，无法承载你真正的快乐和未来，如果你在最该学习的时候选择了消遣，在最能吃苦的时候选择了安逸，等待你的，必定是一个灰暗惨淡、充满焦虑的中年甚至晚年。

你知道爸爸妈妈为什么不希望你经常玩手机吗？那是因为，手机什么时候都有，随时都可以玩，但学习的黄金时间只有这几年，你只考虑了眼前的快乐，而爸爸妈妈为你考虑更多的是将来。宝贝，时光是一去不复返的，该学习的时候一定不要虚度时间。

最后，爸爸妈妈想告诉你，手机游戏不应该成为你与家人和朋友交流的障碍。我们希望你能够更多地参与到家庭活动中，和我们一起共度时光。同时，也要记得和朋友们面对面地交流，建立真实的人际关系。

亲爱的宝贝，爸爸妈妈希望你能够认真对待这些问题。手机或游戏本身并没有错，但是如果你过度沉迷其中，就会对人生产生负面影响。

宝贝，时间从不说谎，你把时间花在哪儿，决定了你会成为什么样的人。记住了，当你戒掉手机、戒掉肤浅的快乐时，你的人生才真正开始！

爱你的爸爸妈妈

× 年 × 月 × 日

第 19 封信：你有多努力，就有多幸运

亲爱的宝贝：

如果你想拥有更多的人生选择，就必须拥有更多的知识。并且你要相信，只要够努力就一定有光彩，只要够用心就一定有成绩。

爸爸妈妈一直相信你对学习有着正确的态度，也相信你能勤奋不辍。现在，随着学习难度的不断加深，爸爸妈妈对你的辅导也越来越力不从心了，能够给予你的也只是更多的理解。你每天在题海中搏来搏去，肯定是既焦虑紧张又困倦疲惫，但是宝贝，这是人生必修的一课呀！

人生的青少年时期就是求学奋斗的阶段，这是在积累你的知识财富。人生就好比登山，每迈出一步，就跨上了另一个高度的台阶，你感觉累了、倦了，放慢了前进的脚步，那么这场比赛的结果就是你站在了对手的脚下，下一场比赛你们就分别站在了不同的起跑线上。

爸爸曾经对妈妈说，如果时光能够倒流，他一定会加倍努力地学习，让自己

有一个不一样的将来。可惜时光不能倒流，我们的人生已经没有重新再来的机会了。

每个人都有着不同的未来，就像你要经历小升初、经历中考，有的人进入重点学校重点班级，有的人只能过早地进入社会，在一些条件恶劣的环境中工作。相比而言，宝贝，你是幸运的，你有一个可以拼搏的机会。人生就像只有一次翻阅机会的书，如果你草草地翻过，你的一生便什么也领略不到。此时你再不去刻苦，那么所有的期待和愿望不也像那浮云一样实现不了了吗？

现在，努力的意义是为了将来能看到更大的世界；是为了可以有自由选择人生的机会；是为了不向讨厌的人低头；是为了能够在自己喜欢的人出现时，不至于自卑得抬不起头，而是充满自信、理直气壮地说出那句话："我知道你很好，但是我也不差！"

先努力让自己发光，你在乎的人才能迎光而来。现在每个想要学习的念头，都有可能是未来的你在向现在的你求救。

爱你的妈妈

×年×月×日

人生的每一个高度所看到的和领略的风光是不一样的，当成功的人在一览众山小的时候，你却只能望着前面的大山，有的只是无限的追悔

还好我当时没有放弃攀登，现在才能看到这么美的风景！

第 20 封信：奏起青春之歌（女生篇）

亲爱的女儿：

青春是最美好的年龄，豆蔻年华，风华正茂。最近你有没有注意到，自己的身体悄悄地发生了一些变化呢？别担心，别害怕，这是青春的信号。妈妈今天要给你写一封特别的信，和你分享一些关于身体变化的知识，帮助你更好地了解自己的身体。

今天，妈妈看你半夜慌慌张张地冲进卫生间，一副不知所措的样子。其实，妈妈早就给你准备好了"姨妈巾"，放在书桌的抽屉里，想等这一天到来后再告诉你。

女儿，青春期发育最突出的特征，是生殖器官的发育和成熟。在青春期以前，生殖器官的生长发育几乎处于停滞状态。进入青春期后，在相关激素的作用下，女孩儿的卵巢会迅速发育，并能产生成熟的卵细胞，分泌雌性激素，开始出现月经，也就是我们常说的"大姨妈"。除此之外，女孩和男孩在外貌、体征等方面也相继出现差别，女孩的声音会变细，胸部会慢慢隆起，月经逐渐规律，脂肪积累增多，皮肤更加细腻……

月经期间，人的免疫力相对较低，

因此你必须注意月经期的卫生、保健和保暖。

在十岁到二十岁这段时间里，你会跨越小学、初中、高中阶段，直至进入心仪的大学校园。在心理和情感上，也会发生很多微妙的变化，这些都是正常的生理现象，也是你成长的必经阶段。但是，妈妈要特别强调三个事项：

第一，任何时候你都要学会保护自己。妈妈希望你时刻警惕、擦亮眼睛、明辨是非，不张扬、不招摇。在以后尽量少穿过于暴露的衣服，不化浓艳的妆。

第二，上学期间，学习永远是你的"第一要务"。女孩不是因为美丽才可爱，而是因为可爱才美丽。学习好、综合素质优异，会让自己今后的人生受益无穷。

第三，别急着谈恋爱。你要知道，未来的人生道路还很长，当下你所看到和接触的人，只是沧海一粟罢了，看得长远总是没错的。

现在，妈妈给你补上了青春期成长的必修课，爸爸妈妈真心地希望你在青春之路上能健康成长，迎光而立！

爱你的妈妈

×年×月×日

青春是最美好的年龄

第 21 封信：低谷时更该努力，才不会轻易输掉未来

亲爱的宝贝：

考试成绩既是努力的见证，也是成长的印记。期末考试结束了，这一次，爸爸妈妈还是想通过写信的方式和你分享一些学习上的心得。

首先，经过上次考试失利的挫折后，我们感觉你成长了，不仅学习上更加努力，生活中也更有担当了。你知道吗？一直以来，我们时常会不由自主地为你的未来担心。这次的期末考试无可置疑地证明了你的进步。我们感到很欣慰。

爸爸妈妈对于你将来考入什么样的大学没有什么苛求，但是对你未来的生活充满了关注。中国传统的儒家学说有一个观点：人，追求的是成长过程，而不是成功的终点。因此，学习是需要用一生精心做的事情，急不得、慢不得、马虎不得。

从春节开始，我和你妈妈一直默默关注着你的每一天，很少问及你的成绩，生怕给你凭空增添不必要的压力。我们知道，你的压力很大，有来自班级的，有来自同学的，有来自老师的。当然，父母对你的压力更是无

形的，我们非常理解你，你真的不容易。

这次考试的成绩是一次很重要的参考，希望你能够认真分析，在这个基础上找准目标，实现自我的再次提升。要知道，考试之后的分析和对策，会对成绩提升起到决定性的作用。你需要静下心来，找准自己的弱点，有针对性地采取措施。

宝贝，已经过去的不可能重来。我们也不可能一直沉浸在懊悔之中，唯有把之前好的做法坚持下去，把不好的习惯和做法改掉，把以前没有弄懂的问题弄懂，把没有学好的知识点学扎实，勇往直前，今后才能够进步，才能够无怨无悔。

未来的日子里请不要轻言放弃。低谷时你难免会感到失落，但不要轻易认输，因为不只你一个人在努力。你要相信付出一定会有回报，你要记住跌跌撞撞才是生活，要把每一次失败当成下一次成功的路基。

最后，爸爸还要重复常对你说的那句话：只要你努力了，任何考试结果我们都认可！

爱你的爸爸

ｘ 年 ｘ 月 ｘ 日

第 22 封信：逼自己一把，你才知道自己有多优秀

——今天，你 11 岁了

亲爱的宝贝：

祝你 11 岁生日快乐！从你呱呱坠地，转眼已经过去了 11 个年头，你从咿呀学语到今天像一个大人一样与我们谈话，我和爸爸心里充满了喜悦、兴奋与期盼。

马上就要开学了，在这个暑假里，你并没有与其他同学一样，游玩大好河山，而是在有计划地努力学习，虽然没有出远门，但是你通过阅读课外书和预习收获了不少知识。看来你已经意识到，自己即将步入六年级紧张的学习生活中，妈妈感到非常欣慰。

妈妈告诉你，六年级是小学中最重要的一年，不论你以前学习怎么样，在这一年你必须竭尽全力！什么叫"竭尽全力"呢？妈妈在这里给你讲一个故事。

一个猎人带着猎狗去打猎，猎人用枪打伤了兔子的腿，兔子拼命地逃跑，猎狗开始追兔子，但是追不到就回来了。猎人非常生气地问它："我已经把兔子打伤了，你怎么还没有追到？"猎狗委屈地回答："我尽力了，兔子跑得太快了。"当这只兔子逃回

洞里时，其他兔子非常惊讶，纷纷问它："你都受伤了，怎么还能逃回来？"兔子说："猎狗是为了一顿午餐在奔跑，而我是为了生命在奔跑。为了生命的曙光，我当然会全力以赴，竭力而为。"

这个故事涉及两个词，一个是尽力而为，另一个是竭力而为。以前我会对你说，凡事尽力就可以了，现在我要对你说，在六年级剩下的三百多天里，你要"竭力而为"。因为尽力而为，会让我们为自己的失败寻找各种各样的理由，正如猎狗说的——"我尽力了，兔子跑得太快了"；而竭力而为，是告诉自己摆在眼前的只有一条路，必须勇往直前，没有退路。

即将参加小升初的你现在好比这只兔子，唯有不留退路、勇往直前，才可以看见希望的曙光。

孩子，混一天和努力一天可能看不出任何差别，三天看不到任何变化，七天看不到任何距离。但是一个月后谈论的话题不同，三个月后散发的气场不同，半年后会拉开距离，一年后我们会走向不同的人生道路。逼自己一把，你才会知道自己有多优秀！

爱你的妈妈

×年×月×日

不留退路、勇往直前，才能看见希望的曙光

第 23 封信：光阴匆匆，
成功只留给有准备的人

亲爱的宝贝：

爸爸妈妈写这封信，是想和你分享一些关于时间的想法。时间是我们生命中最珍贵的财富，一旦失去，就再也无法挽回。所以，我们想提醒你要珍惜每一分每一秒，让每一刻都充满意义。

首先，爸爸妈妈希望你能意识到时间的价值。时间不会等待任何人，它总是在不停地流逝。我们不能控制时间，但我们一定要意识到珍惜时间的重要性。因此，你要学会合理安排时间，把时间用在有意义的事情上，正如巴斯德所说："机遇只偏爱那些有准备的头脑。"这就说明，在取得一鸣惊人的成绩之前，花时间做好准备工作是多么重要。

其次，爸爸妈妈想让你明白时间的不可逆性。时间一旦过去，就再也无法重来。无论你多么后悔，都无法回到过去。所以，你要珍惜现在，把握好每一个机会，不要等到失去了才后悔。

最后，爸爸妈妈想告诉你的是时间的公平性。时间是最公平的，每个人的一天都只有 24 小时，但人与人之间的差距却产生于如何利用这24小时。你可能会问，为什么有些人可以取得那么多成就？那是因为他们把时间用在了学习、锻炼、成长上，他们懂得如何利用时间，让时间为自己所用。所以，你要学会规划自己的时间，让每一分钟都变得有意义。

爸爸妈妈想告诉你，时间最公平，时光最易得，但也最不为人所珍惜。生活中总有人悔不当初，可时间是补不回来的，浪费了就是浪费了。所以，不要总觉得自己还年轻，干什么事情都还早。有道是，记得少年骑竹马，看看又是白头翁。

宝贝，如果说昨天是一张作废的支票，那么明天就是一张期票，而今天则是你唯一拥有的现金。爸爸妈妈希望你能认真思考这些问题，合理利用时间。

若干年以后你会发现，时间就像一面镜子，它可以映照出我们的行为和态度。珍惜时间用心学习吧，只有充分做好准备，幸运之神才能在重要的时刻眷顾你，加油吧！

爱你的爸爸妈妈

× 年 × 月 × 日

不要在该努力的年纪选择安逸，走自己的路，为自己的梦想去奋斗，即使有人亏待你，时间也不会亏待你，人生更不会亏待你

第 24 封信：吃够学习的苦，
少吃生活的苦

亲爱的宝贝：

　　十几岁的年纪正是一个人一生中的黄金时期，这个时期，你应该好好地长身体、学知识、打基础，为一生的发展做准备，一定要好好把握啊！

　　你听说过"有魔法的毛竹"这个故事吗？自然界中有一种神奇的植物，在前 5 年里，人们几乎观察不到它在生长。但当第 6 年雨季来临时，它就会以每天 1.8 米的速度向上急蹿 15 天，长到 28 米。这种植物叫毛竹，也被誉为大自然的生长奇迹。科学家们研究后发现，原来毛竹在前 5 年并不是没有生长，而是以一种不易被人发觉的方式向地下生根。经过 5 年漫长的地下生长，一株没发芽的雏竹根系竟然向周围扩展了 10 多米，向地下深扎近 5 米。当时机成熟时，毛竹才开始疯狂生长。

　　宝贝，你觉得毛竹前 5 年的辛苦算是白费了吗？当然没有，正是先扎根、后长高的生长方式，才为它日后成为竹林中的身高冠军打下了坚实基础。

　　宝贝，你学习的过程就像雏竹扎根，虽然既枯燥又辛苦，但是妈妈想告诉你，只有吃够学习的苦，将来才能少吃生活的苦。

只有走完该走的路，将来才能走你想走的路。

　　做人做事亦是如此，不要担心你此时此刻的辛苦付出得不到回报，因为现在吃苦都是为了将来能幸福。人生需要储备，多少人没熬过那 5 年，到老后又扼腕叹息。这就是人们所说的"少壮不努力，老大徒伤悲"啊！

　　作为父母，我们不怕你现在学得苦，最怕你很多年之后会后悔。过去有很多次我们苦口婆心地劝导你用功读书、用心学习、保持良好的习惯，是因为人生最遗憾的事不是"我不行"，而是"我本可以"。

　　人的一生中总要吃点苦，学习的苦只是其中之一，不吃学习的苦，就要吃其他的苦，但在这么多辛苦之中，学习所需的投资最低廉，回报却最高。

　　我们努力奋斗，未必每个人到最后都会光芒万丈，但路途上努力的你会长出铠甲，变得强大。更重要的是，在最美好的时光里，你真的成了更好的人，没有辜负时光，也没有辜负自己。

爱你的妈妈

×年×月×日

第 25 封信：决战小升初，爱拼才会赢

亲爱的宝贝：

　　时光如梭，岁月如歌，仿佛弹指一挥间，你天真无邪、充实美满的小学生活即将结束。再有 3 天，你就要迎来小升初考试了。这几年里，时时看到你跋涉书山、泛舟学海，看到你深夜里孤灯奋战、夏日里挥洒汗水，看到你用青春的脚步丈量成长的道路，我们都为你的努力、勤奋、坚持感到无比欣慰和骄傲。辛苦了，孩子！

　　"路漫漫其修远兮，吾将上下而求索。"人生就是不断地跋涉远足，不断地翻越崇山，不断地朝着自己的梦想一步步奋然前行。再有 3 天，你将迎来又一个人生平台，将通过你自己的努力去实现新的梦想，这真是一件令人高兴、值得期盼的事儿。

　　宝贝，愿你带着执着前行。"宝剑锋从磨砺出，梅花香自苦寒来。"执着是成功的法宝，成功的人都是执着的。3 天后的小升初考试将是你面临的一次新考验，愿你一如既往地用汗水凝结智慧、用辛勤积累知识、用青春迎接考验、用执着换取胜利。备考是辛苦的，因为你在与时间赛跑、与自己比赛、与

寂寞同行；备考更是幸福的，因为你在收获知识、在翻越崇山、在实现梦想。

宝贝，愿你带着自信前行。爱默生说："自信是成功的第一秘诀。"你已经在菁菁校园接受了六年的洗礼，回头看看，六年前的你和今天的你，有着怎样巨大的变化啊！这一切都源自你持之以恒的努力、坚持不懈的奋斗。你要相信"一分耕耘，一分收获"的道理，相信春华秋实、天道酬勤的道理，相信自己曾经和现在正在付出的努力，必将换来沉甸甸的收获。

宝贝，愿你带着微笑前行。大仲马说："乐观是一首激昂优美的进行曲，时刻鼓舞着你向事业的大路勇猛前进。"小升初只不过是人生征程上一座普通的"山峰"，愿你微笑着走近它、挑战它、征服它，乐观而大胆地向前走，爸爸、妈妈、老师、同学将与你同行。

3天后的小升初，我们会与你一起见证这段令人难忘的冲刺经历。让我们始终记住：爱拼才会赢，奋斗的过程最重要！

爱你的爸爸妈妈

× 年 × 月 × 日

第 26 封信：今天的分离，
是为了更好的重逢

亲爱的宝贝：

六月的阳光灿烂，回忆的泪花闪闪。今天是儿童节，爸爸妈妈祝你节日快乐！当你还在摇篮中熟睡时，我就开始幻想着你长大后的样子。现在你已经慢慢长大，逐渐开始描绘自己的人生。看到你能健康、快乐地成长，我们深感欣慰。

你的童年，就像一场五彩斑斓的梦，充满了欢笑和泪水，希望和失望。你第一次学走路时不稳的步伐、你第一次上幼儿园时挥着小手说再见的模样、你第一次拿到奖状时的喜悦，都是我们心中无法抹去的记忆。这些瞬间如同一颗颗明亮的星星，照亮了你成长的道路。

你的童年，又像一场盛大的筵席，爸爸、妈妈、老师、同学和你一起分享了许多喜怒哀乐。在这个过程中，你学会了如何与人相处，如何处理问题，如何成长为一个有责任感、有同情心和有智慧的人。

现在，这场童年筵席即将结束，你即将踏上新的旅程。这是一个告别的时刻，也是一个迎接的时刻。告别的是你无忧无虑、天真无邪的童年，迎接的是你更加丰

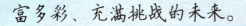

富多彩、充满挑战的未来。

在新的旅程中，你可能会感到失落和不安，但请相信，这些都是成长的必经之路。每个人的成长之路都是不同的，但每个人都有自己的节奏和步调，无论你走得快还是慢，无论你选择的道路是崎岖还是平坦，只要你保持前进的步伐，就一定能够看到美好的风景。

宝贝，生活就像一本书，每个人都是你生命中的一章。当他们表演完属于自己的章节并离开时，不要感到失落或悲伤。相反，你应该感到高兴，因为他们在你的生命中留下了深深的印记。妈妈希望你能珍惜每一段友情，每一段美好的回忆，同时也要勇敢地面对未来的挑战。记住，人生就像一场场别离，每一次的别离都是为了让我们更好地成长和遇见更好的自己。

最后，我想告诉你，尽管天下没有不散的筵席，但爸爸妈妈的爱永远不会离你而去。无论你走到哪里，无论你遇到什么困难和挑战，我们都会在背后为你加油和祝福。愿你的未来充满阳光和快乐！

爱你的妈妈

×年×月×日

珍惜童年小伙伴的情谊

第 27 封信：今天，你长大了
——今天，你 12 岁了

亲爱的宝贝：

今天，你 12 岁了。昨天你仿佛还是那个在我们怀里撒娇的小孩，而今天，你就要告别稚嫩天真的童年，迎来朝气蓬勃的青春时代。看着你一天天长大，一天天懂事，一天天进步，我们内心的喜悦与日俱增。这种喜悦，像是山泉，汩汩地汇集成湖泊，又融合成江河，表面平静，却深厚广博。在这个特殊的日子里，我想跟你分享一些关于独立的想法，希望你能有所收获。

初中生活是一个新的开始。你将会遇到新的朋友、老师，新的学科，新的挑战。这可能会让你感到有些不适应，但爸爸妈妈始终相信，你具备应对这一切的能力。只要你勇敢地面对挑战，积极地适应新环境，你会逐渐找到自己的节奏和方向。

宝贝，你知道吗？妈妈第一次离开你的外公外婆到外地求学时，心中同样充满了恐惧和不安。面对新的环境和生活方式，我感到十分无助和孤独。然而，我告诉自己，必须学会独立思考、独立生活，勇敢地面对这一切。在那个阶段，我开始了自我探索和成长。我开始尝试着自己洗衣服、整理房间、结交新朋友、参加各种活动。我逐渐适应了新的环境，也学会了如何独立生活。

当然，这个过程并不容易，我经历过许多挫折，但是，我始终坚信自己能够做好这一切。最终，我不仅学会了独立生活，还学会了管理自己的时间和情绪。妈妈希望你和我一样勇敢地去面对这一切，我相信你会对新生活产生兴趣，更会有意想不到的收获。

你也许会问，为什么要独立？因为生活就像一场冒险，而冒险的乐趣就在于探索未知。你可能会遇到困难，可能会感到迷茫，但请相信，这一切都是为了磨炼你，让你变得更加坚强。当然，独立也并不意味着你要独自承受一切，你可以和朋友、老师沟通交流，你还要记住，爸爸妈妈一直在你身后，做你的支持者。

最后，我想告诉你，放开手脚大胆地奔跑、崔跃吧！请相信，世界定会对你温柔相待。爸爸妈妈愿你在初中的学习生活中收获快乐和成长！

爱你的妈妈

×年×月×日

第28封信：奏起青春之歌（男生篇）

亲爱的儿子：

　　十几岁男孩的青春就像早晨的阳光，明媚而富有朝气，带着一种难以言喻的清新和希望。

　　最近，你有没有注意到自己的身体发生了一些变化？是的，男孩子在成长过程中会经历许多身体上的变化。所以，爸爸今天要给你写一封特别的信，和你分享一些关于这些变化的知识，帮你更好地了解自己的身体。

　　在生命的长河中，每个男孩都会经历一个由少年向男子汉过渡的时期——青春期。在这个时期，你的身体和心理都会发生一些变化，或许你会感到不安，但是爸爸希望你收获的是惊喜不断。

　　首先，关于身高。在青春期，男孩子的身体会迅速发育，身高也会迅速增长。一般来说，每个男孩子在12～16岁会经历一个快速生长期，这段时间内身高增长最快。所以，不要担心自己的身高不够高，只要保持良好的生活习惯和饮食结构，你的身高会逐渐接近正常水平。是不是开始期待自己长成比巨人还要高的男子汉了呢?

其次，关于肌肉和骨骼。在青春期，男孩子的肌肉和骨骼会逐渐变得更加结实和有力。因此，青春期也是你进行体育锻炼的好时机。通过锻炼，你可以增强肌肉力量，提高骨密度，塑造良好的体态，同时还可以提高自信心。

最后，关于身体的一些器官。喉结的凸起，声音的改变，生殖器官的变化等，这些都是正常的生理现象，无须过于担忧。爸爸希望你正视这些变化，有什么不懂的地方欢迎随时和我聊聊，期待你和爸爸一样成为真真正正的男子汉!

儿子，青春期是人生的一个节点，也是一次新的出发；身体的变化是成长的标志，也是你走向成熟的必经之路。每个人的青春期都有自己独一无二的记忆，无论这些记忆是悲伤的、迷茫的、不安的，还是欢快的、热烈的，它都是人世间最美好的回忆。在这个过程中，爸爸妈妈希望你勇敢地面对一切挑战，让自己变得更加自信和强大。愿你健康成长!

爱你的爸爸

× 年 × 月 × 日

每个人的青春期都有独一无二的记忆

第 29 封信：走近优秀书籍，走进多彩人生

亲爱的宝贝：

当初春的阳光洒在书页上，智慧的种子就开始在知识的田野里生根发芽。爸爸妈妈希望你能够在这个充满希望的季节里，健康阅读，远离无脑小说的诱惑。

记得那天，你捧着一本厚重的小说，眼中闪烁着兴奋的光芒。那些华丽的辞藻，似乎在你心中激起了千层浪花。我们理解你对阅读的热爱，也很认可你的好奇心，为你渴望探索未知的精神感到骄傲。但你要知道，不是所有的书籍都值得你投入时间和热情。

有些书，如同缥缈的雾霭，遮蔽了你原本明亮的双眼。那些"无脑小说"，它们讲述着浮夸的爱情故事，渲染着虚假的英雄主义。它们以浅薄的文字掩饰内在的空洞，以华丽的辞藻堆砌出肤浅的主题。它们虽然能为你提供短暂的娱乐，却不能带给你深度的思考和真实的启示。沉浸在这些小说中，你可能会忽视学业的重要性，忽视生活中的美好与感动。这些无脑小说就像泛滥的洪水，会淹没你求知的欲望，使你的思维变得肤浅。

宝贝，你要学会分辨良莠，选择那些有深度、有内涵的书籍。好的阅读，如同与智者对话，让我们的思维穿越时空，领略古今中外的风土人情。那些经典的文学作品，如《平凡的世界》《百年孤独》等，不仅让我们感受到了人性的光辉与矛盾，还能引导我们思考生活的意义。而那些科幻类、历史类的书籍，如《三体》《人类简史》等，更是开阔了我们的视野，让我们对世界有了更加深入的了解。

好的书，能改变我们的性情，帮助自己控制情绪，调理心态，改变思维方式。好的书，会让我们有更多的想要学习的愿望，会使我们对人生产生深刻的思考，会传达爱与责任的真谛，呼唤我们重新审视人性的本质。我们要相信读书是提升能力的一把钥匙，通过读书，可以打开知识的大门。

未来的路还很长，希望你能以智慧的眼光去选择书籍，以严谨的态度去阅读。

爱你的爸爸妈妈

×年×月×日

好的阅读，如同与智者对话

第 30 封信：逆风飞翔的青春，
人生彩绘的起点

亲爱的宝贝：

　　我们很长时间没有认真、耐心地交流了，爸爸妈妈一开口，你就嫌唠叨，爸爸妈妈一着急，该说的话没说多少，不该说的话倒说了很多。如果我们说过的话在你心中留下了伤痕，还请你原谅，希望你能耐心地看完这封信。

　　宝贝，你最近的表现让我感到有些难过。你的言行举止中充满了抵触与反抗，仿佛要将我推向千里之外。你开始有了自己的秘密，不再和我分享所有的想法和感受。我知道，12 岁的年纪，正处于青春期的十字路口，你正面临着成长中的种种困惑和挣扎。

　　宝贝，你是否感觉自己的内心像一座孤岛，被茫茫的大海包围？你是否发现自己的思绪变得复杂，对世界充满了好奇和疑惑？这是青春期的正常现象，不必过于担心。你的叛逆，是你青春的烙印，爸爸妈妈理解你的冲动和无助，因为我们也曾经历过这个阶段。我们也曾像你一样，讨厌父母每天让我们学习，嫌弃他们管得太严。可当我们真正步入社会，开始独立生活的时候才发现，原来父母的严格要求，都是因为他们爱我们，希望我们能够有一个更好的未来。现在我们已经有了你，所以更加理解他们的爱，也理解了你现在的内心世界。

宝贝，现在你逐渐有了自己的思想和见解，爸爸妈妈应该为这种成长感到开心，而不是失落难过。因为这是你在探寻自我身份过程中的一种表现。尽管我们怀念被你依赖的感觉，可也不得不接受你的世界正慢慢变大，接受你正独立成长的事实。

但是我们也觉得，你要学会控制一下叛逆的情绪，而不是被它控制。要记住，你的价值不在于你的叛逆，而是在于你的善良、你的才华、你的潜力。

今后我们会用更加耐心、细心和用心的态度，放下父母的架子，心平气和，做你的好父母、好老师、好朋友，陪伴你成长。毕竟，生活就是派你这个小孩来考验我们的耐心，让我们的精神得到升华，让我们进化成更好的人。让我们和睦相处吧，无论你什么时候回头，我们的爱永远在你身后！

爱你的妈妈

×年×月×日

第31封信：自律＋努力＋方法＋坚持＝优秀

亲爱的宝贝：

是时候放下沉重的书包，舒松麻木的大脑，忘记课堂的拘谨，享受暑假的美好了。你即将迎来中学阶段的第一个暑假，想必你很期待吧。爸爸和妈妈同样很期待，因为又可以每天看到你了。在放假之前，我们想跟你分享一个公式：自律＋努力＋方法＋坚持＝优秀。希望这个公式能对你如何度过暑假生活有所启发。

首先，自律是优秀的基石。宝贝，初中生活与小学生活有着很大的不同，或许你还在回味小学暑假和家人、朋友度过的那些快乐的时光，但是爸爸妈妈要告诉你，初中阶段学习科目增多，学习任务繁重，需要你重新分配学与玩的时间。我们希望你能够列出自己的作息时间表，保持良好的学习和生活习惯。你可以去找自己的朋友玩耍，也可以让我们带你出去玩，前提是你要自律，知道自己什么时候该干什么事情。记住，自律是成功的基石，只有那些能够掌控自己的人，才能在生活中获得真正的自由。

努力是通往优秀的必经之路。

没有付出就没有收获，只有通过不断努力和奋斗，你才能够实现自己的目标。不要什么都不想做，还什么都想要。世上没有不劳而获的东西，不尝试、不努力、不争取，你永远不知道什么是你能拥有的。

方法同样重要。学习需要掌握正确的方法，这不仅关乎你的学习效率，也影响你的学习成果。要找到适合自己的学习方法，如提前预习、做好笔记、复习要点等。这些方法会帮助你更好地吸收知识，提高学习效果。

最后，坚持是关键。任何事情都不是一蹴而就的，只有那些能够坚持不懈的人，才能够取得最后的胜利。在暑假期间，你可以为自己设定一些小目标，如每天坚持锻炼、每天坚持阅读等。这些小目标的实现，会让你更加坚定地走向优秀的道路。

亲爱的宝贝，你要牢牢记住"自律＋努力＋方法＋坚持＝优秀"这个公式，它适用于生活的方方面面。爸爸妈妈希望你能在暑假期间认真思考这个公式，并努力去实践它。祝你假期愉快！

爱你的爸爸妈妈

× 年 × 月 × 日

努力是通往优秀的必经之路

学习计划表

第32封信：脚踏实地，只争朝夕
——今天，你13岁了

亲爱的宝贝：

　　随着夏天的脚步渐行渐远，也迎来了你的13岁生日，祝你生日快乐！你即将步入人生的新阶段——八年级，未来的一年里，你会有题海跋涉的艰难，也会有同学间的温馨快乐。但想要有所收获，必须有所舍弃。爸爸妈妈希望你能做到分秒必争，脚踏实地，只争朝夕。你要知道最大的对手不是别人，是你自己！超越自己，战胜自己，你才会赢得属于自己的胜利。

　　在这封信里，爸爸想和你分享一些人生感悟，希望能给你带来一些启示和鼓励，帮你迈过初二这道坎。

　　宝贝，生活中总会有阴晴圆缺，但你要相信，每一次的困难都是一种磨砺，每一次的挫折都是一次成长。进入初二后，也许你会觉得压力如影随形，但只要你心中有阳光，就一定能照亮前行的路。

　　爸爸希望你努力做一个会生活、会安排、会管理时间的人。会生活是指有品质地生活，任何时候都能把自己的健康放在首位，因为今后比拼的不仅是生命的厚度和高度，也是生命的长度；会安排是指做任何事情都有计划，知道什么时候该做什么；会管理时间是很难的一件事情，但也是一件非常有意义的事情，因为它决定了你做人和做事的习惯与效率。

读书是心灵的旅行，也是视野的拓展。初二的课程会更深更难，但只要你热爱阅读，就能不断拓宽自己的知识面。书中的故事、人物、好的思想，都会成为你人生路上的灯塔，指引你前行。

古人言："吾日三省吾身。"每天都要对自己进行反思和总结，这是成长的关键。初二的你，会面临更多的选择和机会，但也会有更多的诱惑和挑战。要学会在反思中成长，在总结中提升。每天睡前都要问问自己：我做了什么？我还能做什么？这么做有哪些好处和不足？通过不断自我反省，你会变得更加优秀。

人生就像一场马拉松，不在乎起点，只在乎终点。初二的旅程只是你人生马拉松的一小段，未来的路还很长。无论遇到什么困难和挫折，都请你坚持下去，因为只有经过漫长的黑夜，才能迎来黎明的曙光。

爱你的爸爸

×年×月×日

初二是成长的挑战，也是自我发现的旅程

八年级

第 33 封信：你若盛开，清风自来

亲爱的宝贝：

一转眼你已经长大了，花一样的年纪，情窦初开，朦朦胧胧，非常美好。

人生太过短暂，华而不实的东西又太多，你可能很容易眼花缭乱，当你踏上青春的列车，对异性的心动无法避免，早晚有一天你会谈恋爱。在爸爸妈妈眼中，你阳光开朗，乐观积极，若有异性同学喜欢你，这很正常；同样，你身边也有很多优秀的异性朋友，你对他人产生了爱慕之情也是正常的。但是否要过早接受这份甜蜜？爸爸妈妈想跟你谈一些想法。

还记得你小时候吃的那颗酸涩的杏子吗？现在你的朦胧情感可以用那颗杏子来类比。当杏子还未熟到发甜的时候，任何人去采摘它都是酸的，只有等待着杏子变得又大又成熟的时候，才能品尝到独一份的甜。恋爱也是这样，只有你变得足够优秀，才会出现一个配得上你的优秀的人。现在的你为何不把这份情感悄悄地珍藏起来，偷偷地努力，悄悄地拔尖，然后惊艳所有人呢？

宝贝，你必须明白一个道理，你现在正是扎

根的时候，是吸收营养的时候，是让自己长得健壮的时候，还没到开花的季节。爸爸妈妈像你这么大的时候，也曾喜欢过班里的同学。可你要知道一点，当你还不够优秀的时候，你连被别人选择的资格都没有，更没有去选择别人的资本。

　　宝贝，或许你怕我们知道你拥有了爱情，出于担心影响你学习而阻止你。其实，爱情没有错，读书也没有错。爱情跟读书唯一的不同是，爱情是可以选择的，是可以有很多次的，而读书的时光更加宝贵，错过了就再也找不回来了。当你上升至更高的平台，爱与喜欢的定义将被你理解得更加清楚：喜欢是一种欣赏，而爱带了责任和义务。

　　宝贝，我们想告诉你一个美丽的真理：你若盛开，清风自来。这句话不仅适用于花朵的绽放，也同样适用于我们的人生。长大后的你会明白"花红不为争春春自艳，花开不为引蝶蝶自来"。你要相信，最正确的那个人会站在人生旅途的前方等你。愿你在成长的道路上越走越远，绽放出属于自己的美丽和光彩。

爱你的爸爸妈妈

x 年 x 月 x 日

不是读书和爱情不能同时拥有，而是很多青春时期的爱情没有结果

第 34 封信：不经一番寒彻骨，
怎得梅花扑鼻香

亲爱的宝贝：

　　一个人在成长的过程中，总是要经历些风雨的。而经历风雨的过程，就是长大的过程。你要知道，只有流过血的手指，才能弹出世间的绝唱；只有经历地狱般的磨炼，才能拥有创造天堂的力量。

　　在这宁静的夜晚，爸爸妈妈坐在窗前，心中充满了对你的思念和关爱。我们听说了你最近的困扰，你正在纠结一个重要的问题：是继续在书海中求索，还是离开校园，去探索这个世界的无边无际？我们想借此机会，跟你分享一些人生的智慧和经验，希望这些如同星光般的文字，能照亮你前行的道路。

　　自从你步入初二之后，学习压力逐渐增大，加上青春期激素的影响，你的情绪也变得不稳定。但爸爸妈妈希望你能知道，读书并不是一条简单的道路，它需要耐心、决心和努力去攀登。我们也希望你记得，你的背后有爸爸妈妈，我们时刻是你的倾听者。如果你有什么困扰，一定记得和我们倾诉，好吗？

　　宝贝，你想现在就放弃读书，离开校园，

去探索未知的世界，然而，你是否有足够的资本去迎接这个挑战呢？当你的学历足够出众，那份深厚的学识将化作你翱翔于世界之林的翅膀。有了它，你才能俯瞰世界的全貌，明智地面对各种挑战。你的每一个决策，都将如同明灯照亮前行的道路。而若没有足够的知识，未经磨砺的你，就如同一只羽翼未丰的小鸟，面对狂风暴雨时，你将如何应对？

一无所知地闯荡世界，可能会让你面临更多的风险和困难，你可能会在未知的迷雾中迷失方向，也可能会在风雨中跌跌撞撞。

宝贝，你说读书很苦，等你出去谋生就会知道，没坚持读书的人生更苦；你以为校服很丑，出去讨生活便会明白，它是唯一可以遮掉贫富差距的布；你以为学习没用，出去闯一闯就会知道，在学校多学一点知识，以后就少一句求人的话。其实，读书这条路是千万条道路中最容易且最坚固的路。

所以，宝贝别气馁、别退缩，因为你现在所有的努力不是没有回报，而是时候还未到。

爱你的爸爸妈妈

x 年 x 月 x 日

你现在抱怨读书的苦，但到了社会摸爬滚打之后，你才会发现，原来读书才是最轻松的事情

第 35 封信：身体是一切幸福的基石

亲爱的宝贝：

最近每每见你发奋学习却忽视了日常锻炼，爸爸妈妈都十分担心，因为锻炼身体就像银行储蓄，零存整取，积久即成巨款，但如果你忽视身体健康，恐怕即使拥有再多的知识，日后也无法利用。因此，爸爸妈妈想要告诉你，身体健康是人生最重要的财富，只有身体健康，才能追求学业和人生的幸福。

你是否见过清晨的露珠在叶脉上闪烁？那是夜幕下的明珠，是自然界最纯粹的精华。同样，你的身体也是灵魂的居所，是你在世间行走的基石。

或许你会问："拥有健康真的会拥有一切吗？"我们想说的是，拥有健康并非拥有一切，但失去健康一定无法愉快地享受一切。在任何一个地方，那些能努力生活的人，不一定是头脑聪明的，但一定是身体健康的。

在人生的征途中，我们或许有无数次机会去做出选择，但健康却是唯一的入场券。想象一下，如果一栋房子没有坚固的地基，如果一棵树没有健康的根系，那么它们能长久地存在吗？同样，如果我们的身体不够健康，那么我们的学习与生活也将无法顺利进行。你的优秀，不仅仅是日复一日的努力，还有足够让你行走世间的健康。为了让你能够平衡好身体健康与努力学习的关系，爸爸妈妈希望你能做到以下几点：

第一，劳逸结合，保证充足的睡眠。

第二，均衡饮食，保证一日三餐，它不仅能为你的学习提供能量，还能提高学习效率。

第三，适当地进行户外活动，让阳光照亮你的心情，也让清新的空气为你的身体注入活力。

第四，每天都要保持愉快的心情，这样你的身体才能更加健康。

宝贝，在学校里，学习固然是主要的，但不是唯一的。学习好却体质差，这与"读书读书越读越猪"没两样。以后同学间聚会时常常是：20岁比学历，30岁比能力，40岁比阅历，50岁比财力，60岁比体力，70岁比病历，80岁翻皇历。

所以，宝贝，好好锻炼吧。只有拥有健康的身体，才能充满活力地迎接每个新挑战！

爱你的爸爸妈妈

x 年 x 月 x 日

体魄因运动而强健，生命因健康而美丽

第 36 封信：缺席的家长会，不缺席的爱

亲爱的宝贝：

爸爸写下这封信，希望能将内心深处的愧疚和遗憾向你倾诉。我本来答应了你要参加这次家长会，跟老师多聊聊你的情况，结果却因为工作上的临时变动未能如期出席，对此我深感内疚。虽然这次我缺席了见证你成长的机会，缺席了你人生中最美好、幸福的时刻，但我仍然希望你能成为一个安全感满满的、有底气的孩子。

家长会那天，我身在外地无法参加。家长会后，我内心五味杂陈，仿佛有一份重要的责任被我推卸了。我错过了能更深入了解你学习和生活情况的机会，我明白，那不仅是我个人的遗憾，更是我们之间交流与理解的缺失。

宝贝，你知道吗？当你孤零零地站在教室里，看着其他同学身边都有家长陪伴的时候，我的心中充满了遗憾和愧疚。无法参加你的家长会，让我感到深深的失落和无奈。但是，我会尽力去弥补缺席的不足，让你能够得到更好的教育。同时，我也会与你的老师保持良好的沟通，让你能够得到更好的关注和照顾。

宝贝，请相信我，我并非不重视这次家长会，也并非不关心你的成长。恰恰相反，我每时每刻都在思考着你的成长，我对你的期待如同繁星对月的期待。

　　你还不能完全理解大人的世界，也不能完全理解我为何不能像其他家长那样陪伴自己的孩子。但我想告诉你，爸爸妈妈一直都在努力，努力为你创造更好的生活，让你在无忧无虑的环境中成长。虽然我们不能每时每刻都在你身边，但请相信，我们的心永远与你相连。

　　最后，我想对你说，请你不要因为我这次没能参加家长会而自卑，更不要觉得自己和其他同学有什么不同，今后无论我身在何处，都会支持你、鼓励你、爱你。我希望你能明白，你是我生命中最珍贵的礼物。

　　爸爸妈妈希望你能尽快调整好自己的状态，愿你能日有所学，月有所获，年有所成，每天进步一点点，做个积极向上的孩子。

爱你的爸爸

× 年 × 月 × 日

第 37 封信：初三是人生的岔路口
——今天，你 14 岁了

亲爱的宝贝：

怎能不感慨时光的匆匆呢？不知不觉间你已经步入 14 岁的青春年华，迎来了人生中新的里程碑。在这个值得纪念的日子里，爸爸妈妈祝你生日快乐！愿你的人生如同璀璨的星辰，绽放出无尽的光彩。

回忆 14 年前，你还是个依偎在我怀中的小宝宝，那时妈妈曾说过，只希望能陪伴你健康快乐地成长。可是，随着你一天天长大，我还是惭愧地食言了。人到中年的我越来越清楚地知道，我不可能护你一生，再强大的父母都会有衰老无助的那一天，而你的人生只能靠自己去走。

有人说初二是"坎"，初三是"分水岭"。现在，你顺利地迈过了初二的那道"坎"，即将进入初三快节奏的学习"模式"，你准备好了吗？

初三是一个关键的阶段，它是你迈向理想高中的重要一步。在这个阶段，你可能会发现每天都有做不完的练习题、背不完的知识点。但请相信，你只管努力，所有的美好都会如期而至。正如那句古话所说："只要功夫深，铁杵磨成针。"只要你坚定信念，持之以恒地努力，就一定能够实现自己的目标。

　　亲爱的宝贝，当你踏入初三的门槛，还会面临许多大小不一的模拟考试。或许并非每一次你都能够取得优异的成绩。然而，人生就如同坐过山车，跌宕起伏，乃常态。我们无法始终保持领先，更不是每一次的努力都能换来理想的回报。但是，你只需尽己所能，付诸努力，挥洒汗水。若已做到这些，便无须纠结于某一次的成绩，要知道，真正的成功并非仅凭一次分数来衡量。

　　当你经历了这许多次的模拟考试后，你将会迎来人生中一个重要的转折点——中考，想必那个时候你已经积累了足够的知识，练就了强大的内心。中考是通向美好未来的必经之路，但并非你人生的终点。愿你在考场上，能够挥洒自如，书写属于你的辉煌篇章。

　　宝贝，为了实现你自己的人生梦想，为了让生命闪光，在冲刺的日子里，让父母和老师与你一起携手同心，一路同行，将九年寒窗之苦，化作红榜上的闪光之名！你要记得，爸爸妈妈永远是你最坚实的后盾！

爱你的妈妈

×年×月×日

第38封信：九年磨砺剑，一朝试锋芒

亲爱的宝贝：

时间过得真快啊！仿佛你昨天还在为初中三年的生活而憧憬，现在，你却即将迎来人生的第一大挑战，为踏上高中的旅程全力以赴。

距离中考还剩100天了，奋斗一百天，将父母、尊师的期盼，化作六月雄鹰展翅之翼；奋斗一百天，将父母培养之恩情，化作知识改变命运的起点；奋斗一百天，让结果变得灿烂，让汗水凝成珍珠，让梦想成为现实。愿我们都能喜上眉梢，笑逐颜开！当那一天真正来临，爸爸妈妈希望你能够勇敢面对，让试卷见证你的奋斗与汗水。

在未来的日子里，你可能会面临更多的挑灯夜读。一份份试卷如山，一道道难题如海，如果你感到已经倾尽全力，却依然无法在短时间内取得巨大的进步，这个时候你一定不要气馁，不要放弃。无论遇到多大的困难和挫折，都要保持积极的心态和行动力，不断努力追求自己的目标。

初中三年，你的努力和付出，爸爸妈妈

都看在眼里。可是我们知识水平有限，只能在生活上尽最大努力做好你的后勤保障，虽然给不了你特别优厚的物质条件，但是在陪伴你成长的道路上，爸爸妈妈看到了你的坚强和勇敢，积极和乐观。

最后的 100 天里，爸爸妈妈希望你不要有太大的压力，注意劳逸结合，摆正心态，坚持到底。试想，你跑 3 000 米的时候，在最后 50 米处你可能已经筋疲力尽了，这个时候你如果再加油坚持 10 秒，咬着牙跑完最后 50 米，你的心底就会产生巨大的、难以言喻的成就感和喜悦感。这 100 天就好比这最后要跑的 50 米，一定要以积极乐观的心态去面对，像个勇士一样去战斗。学习虽苦，但坚持很酷！

亲爱的宝贝，愿你不负将来，不负自己，愿你全力以赴，冲刺中考，不留遗憾，珍惜初三最后的 100 天。愿你以百日的辛苦，用澎湃的热情，去撼动你最绚丽的青春，创造属于你的奇迹。希望你的名字能够顺利出现在你心仪高中的录取通知书上！

爱你的爸爸妈妈

x 年 x 月 x 日

不是每个努力的人都会成功，但成功的人一定很努力